In Harmonie Leben

Eine Ansprache von
Sri Mata Amritanandamayi

während der Weltfriedenskonferenz spiritueller
und religiöser Führer
Generalversammlung der Vereinten Nationen
am 29. August 2000

Mata Amritanandamayi Center, San Ramon
Kalifornien, Vereinigte Staaten

In Harmonie Leben,
eine Ansprache von Sri Mata Amritanandamayi während der Weltfriedenskonferenz spiritueller und religiöser Führer, gehalten anläßlich der Generalversammlung der Vereinten Nationen, am 29. August 2000

Veröffentlicht von:
    Mata Amritanandamayi Center
    P.O. Box 613
    San Ramon, CA 94583
    Vereinigte Staaten

————— *Living in Harmony (German)* —————

Copyright © 2001 Mata Amritanandamayi Mission Trust, Amritapuri, Kerala 690546, Indien

Alle Rechte vorbehalten. Kein Teil dieses Buches darf ohne Erlaubnis des Herausgebers, außer für Kurzbesprechungen, reproduziert oder gespeichert werden oder in sonstiger Form – elektronisch oder mechanisch - fotokopiert oder aufgenommen werden. Die Übertragung ist in keiner Form und mit keinem Mittel erlaubt.

Erstausgabe vom MA Center: September 2016

In Deutschland: www.amma.de

In der Schweiz: www.amma-schweiz.ch

In Indien:
    inform@amritapuri.org
    www.amritapuri.org

Inhaltsverzeichnis

Vorwort	4
Einführung	9
In Harmonie leben	19
Die Welt ist eine Familie	24
Den Geist der Religionen anpassen	28
Ein neues Zeitalter der Harmonie unter den Religionen	31
Konfliktbereiche erkennen	31
Toleranz pflegen und die Wunden der Konflikte heilen	34
Religionsfreiheit	35
Das Problem der Glaubensbekehrung	35
Extremismus	37
Innere Wandlung – der Schlüssel zu wahrem Frieden	37
Spirituelle Prinzipien in der Erziehung	39
Wirtschaftliche Ungleichheit	40
Die Pflicht der Nationen	42
Keine Anstrengung ist umsonst	43

Aum Amriteshwaryai Namah

Vorwort

Es war eine außergewöhnliche dreitägige Zusammenkunft, die von Freude und neuem Optimismus geprägt war. Religiöse Führerinnen und Führer aus mehr als 150 Ländern begegneten sich im Sitzungssaal der Generalversammlung der Vereinten Nationen in New York, um Weisheiten und Erfahrungen auszutauschen. In einer Zeit, in der globaler Frieden nichts weiter als ein schöner Traum zu sein scheint, war dieses Treffen ein Hoffnungsstrahl für alle friedliebenden Menschen.

Die Liebe und der Enthusiasmus in den Herzen der Teilnehmenden ließ eine Atmosphäre entstehen wie bei einem großen Treffen der Weltfamilie. Zur Eröffnung des Gipfels ertönte das Muschelhorn und die Taiko-Trommeln wurden geschlagen. Die anschließenden ergreifenden Gebete schufen eine spirituelle Atmosphäre, wie sie die Generalversammlung der Vereinten Nationen noch nie zuvor erlebt hatte. Die Sprachen waren verschieden, doch alle teilten die tiefen, starken Gefühle.

Vorwort

Als Amma am ersten Tag zur Bühne schritt, wurde sie von Herrn Bawa Jain, Generalsekretär und Hauptverantwortlicher des Gipfeltreffens, mit folgenden Worten begrüßt: „Mutter, werden Sie uns mit Ihren Gebeten segnen?"

Amma sagt: „Gebet bedeutet Demut. Frieden ist eine Erfahrung, die alle Bereiche unseres Lebens erfüllt, wenn wir uns demütig vor der gesamten Schöpfung verneigen." In diesem Geist sprach Amma zwei bekannte Sanskritgebete.

Worte sind leicht gesagt. Aber die Bedeutung dessen, was gesagt wird, auf eine eindeutige Art und Weise zu vermitteln, so dass sie in die tieferen Schichten unseres Bewußtseins dringt, ist etwas, das nur einer selbstverwirklichten Seele wie Amma gelingen kann. Ihr Gebet schuf eine ganz besondere Atmosphäre. Ihre Stimme wehte wie eine kühle, sanfte Brise durch den Sitzungssaal der Generalversammlung der Vereinten Nationen und weckte in allen Gefühle von Liebe und Frieden.

Vor einem bis auf den letzten Platz besetzten Saal hielt Amma am folgenden Tag ihre Ansprache. Amma, die mitfühlende Mutter, sprach, hinter dem Podium mit dem Emblem der Vereinten Nationen stehend, in einfachem, klarem Malayalam.

Die Geschichte der drei geistigen Führer, die versuchten, ein Treffen zu arrangieren, löste viel Gelächter aus, und mehrmals erhoben sich die Delegierten zu lang anhaltendem Beifall. Sie applaudierten besonders bei Ammas Äußerung zum Thema ‚Waffen': „Die Nuklearwaffen der Welt einfach in ein Museum zu stellen, bringt allein noch keinen Weltfrieden. Zuerst müssen die Atomwaffen des Geistes ausgemerzt werden."

Ammas Rede war in vielerlei Hinsicht einmalig. Der Inhalt brachte das Licht ihrer reinen geistigen Erfahrung zum Ausdruck. Hier sprach die Stimme des höchsten Friedens und der göttlichen Liebe und Harmonie über genau die Eigenschaften, die sie verkörpert. Dies verlieh ihrer Botschaft eine besondere Klarheit und Bedeutung.

Als Amma während des Gipfeltreffens von der BBC, PBS und anderen neuen Medien interviewt wurde, hob sie die Notwendigkeit für ein Forum von geistigen und religiösen Führerinnen und Führern hervor, damit spirituelle Lösungen für die in der Gesellschaft bestehenden Konflikte diskutiert, formuliert und ausgeführt werden können. Sie sagte: „Die Lösungen sind in den religiösen Texten als geistige Visionen und Einsichten bereits gegeben. Unsere Vorfahren, die großen Heiligen und Weisen, die den Gipfel der menschlichen Existenz erreicht haben, hinterließen uns viele Ratschläge, wie ein friedliches, harmonisches Leben gestaltet werden kann. Die eigentliche Frage ist, ob wir bereit sind, diese Ratschläge in die Praxis umzusetzen."

Ein magischer Moment entstand, als ein Journalist Amma fragte, was sie tun würde, wenn sie die Welt regieren könnte. Amma antwortete: „Ich wäre eine Fegerin." Der Journalist blickte sie verwirrt an, und Amma erklärte lachend: „Ich würde den Geist von allen sauber fegen!"

Amma, die die Liebe zur gesamten Schöpfung verkörpert und diese unwiderstehlich anzieht, vertreibt die Dunkelheit, welche die menschliche Seele einhüllt, und bringt den Menschen das Licht der göttlichen Gnade und Schönheit. Sie zieht es vor, sich selbst als einfache Fegerin des menschlichen Geistes zu bezeichnen anstatt als weltweit anerkannte, geistige Führerin, die sie ist. Es übersteigt meine Fähigkeiten, Amma und die Weisheit, die sie uns vermittelt, zu beschreiben. Von Ehrfurcht ergriffen, möchte ich mich in äußerstem Staunen einfach nur immer wieder vor diesem unergründlichen Phänomen verneigen, das als Amma bekannt ist.

                        Swami Amritaswarupananda

Einführung

Dag Hammarskjöld, der erste Generalsekretär der Vereinten Nationen hat einmal gesagt: „Wir haben versucht, auf dieser Erde Frieden zu stiften, und haben kläglich versagt. Bevor nicht eine geistige Renaissance eintritt, wird diese Welt keinen Frieden finden." Jetzt, zu Beginn eines neuen Jahrtausends, haben die Vereinten Nationen zum ersten Mal in ihrer fünfundfünfzigjährigen Geschichte spirituelle und religiöse Führerinnen und Führer aus allen Glaubensrichtungen und Ländern der Welt eingeladen, damit sie sich begegnen und ein Bündnis mit den Vereinten Nationen eingehen können. Ziel des Gipfeltreffens war, Wege zu finden, in denen religiöse und spirituelle Gemeinschaften weltweit als religionsübergreifende Verbündete mit den Vereinten Nationen an besonderen Initiativen für Frieden, für den Umweltschutz und zur Bekämpfung der Armut zusammenarbeiten können. Das Gipfeltreffen fand vom 28.- 31. August 2000 im Sitzungssaal der Generalversammlung der Vereinten Nationen in New York und im Hotel Waldorf Astoria statt.

Der 28. August wurde zum ‚Tag des Gebets für den Weltfrieden' erklärt. Der Generalsekretär des Gipfeltreffens, Bawa Jain, gab folgende Erklärung ab: „Wir bitten die Menschen auf der ganzen Welt, sich ungeachtet der Tageszeit in ihren Gotteshäusern, Tempeln, Firmen, Straßen oder Wohnungen zusammenzufinden und in Gedanken bei den Religionsführern zu sein, wenn sie die Vereinten Nationen betreten und zum Gebet zusammenkommen."

Etwa zweitausend Vertreterinnen und Vertreter der spirituellen und religiösen Traditionen der Welt nahmen an dieser Konferenz teil. Dreißig unter ihnen hielten Reden zu den Hauptthemen des Gipfeltreffens. Offiziell war Amma eine Vertreterin des Hinduismus, aber ihre Botschaft war allgemeingültig. Für den ersten Tag war geplant, die Delegierten und Würdenträger zusammenzubringen, ihre Aufmerksamkeit auf die gewählten Themen zu lenken und den Segen des Göttlichen für den Tagungsverlauf zu erbitten. Nachdem die Delegierten Platz genommen hatten, kamen Amma und die anderen Sprecher schweigend nacheinander und wie in einer schreitenden Meditation in den Versammlungssaal. Sie wurden zu ihren Plätzen geführt, als die Stille plötzlich

Einführung

von den Trommelschlägen der Taiko-Trommler beendet wurde. Irgendwie schien dieses Nebeneinander von Stille und kraftvollen Tönen wie eine Metapher für diese Konferenz zu sein, bei der Menschen aus unterschiedlichsten und oft sehr widersprüchlichen Überzeugungen, Erfahrungen und Hintergründen zusammenkamen, um aus der Verschiedenheit heraus eine neue, harmonische Weltgemeinschaft zu schaffen, die auf einer gemeinsamen Verpflichtung zum Frieden gründet.

Am nächsten Tag brachte Amma während ihrer Rede genau diesen Punkt zum Ausdruck, als sie sagte:

„Bereits die Worte ‚Nation' und ‚Religion' weisen auf eine Trennung und Verschiedenheit hin. Jede Nation, jeder Glaube hat seine eigenen Merkmale, Ideologien und Interessen. Es scheint, als ob diese Verschiedenheit Hindernisse in den Bemühungen um Frieden, Glück und Wohlstand in der Welt schaffen könnte. In Wirklichkeit ist es jedoch diese Verschiedenheit, die Fülle und Schönheit in die Welt und in das menschliche Leben bringt – so wie ein Blumenstrauß aus verschiedenen Blüten schöner ist als ein Strauß aus nur den gleichen Blumen."

In Harmonie Leben

Dasselbe Thema – Einheit in der Verschiedenheit – klang auch in Bawa Jains schriftlichem Willkommensgruß für die Konferenzteilnehmer an: „Während unseres Zusammenseins wollen wir herausfinden, wie unsere religiösen und politischen Institutionen zusammenarbeiten können, um mehr Frieden in der Welt zu schaffen, das natürliche Gleichgewicht in Umwelt und Natur wiederherzustellen und die Armut zu beseitigen." Religiöse und politische Institutionen sind nicht immer angenehme Partner. Diese Konferenz rief die Vertreter beider Seiten dazu auf, im Vertrauen auf die gemeinsame Verpflichtung zur Verbesserung der Weltsituation zusammenzuarbeiten.

Nachdem das Taiko-Trommeln und anderen Eröffnungszeremonien beendet waren, begrüßte Herr Jain die versammelten Delegierten und forderte die jeweiligen Führer der Weltreligionen und spirituellen Traditionen auf, ihre Gebete zu sprechen. Mit der Vertrautheit eines Sohnes und zugleich tiefem Respekt bat er Amma: „Mutter, werden Sie uns mit Ihren Gebeten segnen?"

Natürlich war Amma in den Konferenzschriften unter „Sri Mata Amritanandamayi Devi, geistige Führerin des Hinduismus" aufgelistet. Selbst bei einem solch großartigen Anlass konnte

Einführung

ihre innige Beziehung zur Welt nicht verborgen bleiben. Der Generalsekretär des Gipfels, der, wie wir alle, ein Kind Gottes ist, sprach stellvertretend für die Welt, als er sagte: „Mutter, werden Sie uns segnen?"

Wo immer Amma ist, breitet sich eine sehr vertrauliche Atmosphäre aus, sei es in der Hütte eines einfachen Dorfbewohners in Kerala, im Haus des Premierministers von Indien oder in den Räumen der Vereinten Nationen. Diese Vertraulichkeit entsteht durch Ammas Ausstrahlung, ihre entwaffnende Einfachheit, ihre anmutige Bescheidenheit und ihre unmissverständliche Liebe für jeden.

Amma rezitierte zwei Gebete für die Welt, Gebete, die den Hindus überall auf der Welt vertraut sind und täglich in Ammas Zentren rezitiert werden. Mit diesen zwei Gebeten wurde das Ziel dieses Millennium-Friedensgipfels zum Ausdruck gebracht. Bevor Amma sie in Sanskrit sang, übersetzte Swami Amritaswarupananda sie ins Englische.

„Führe uns von der Unwahrheit zur Wahrheit, führe uns von der Dunkelheit ins Licht und vom Tod in die Unsterblichkeit.

Mögen alle Wesen in allen Welten glücklich sein. Om, Frieden, Frieden, Frieden."

Erinnerungen an die Silvesternacht im Jahre 1999 wurden wach. Amma hatte die Gemeinschaft angeleitet, diese zwei Gebete zu Beginn des neuen Jahrtausends eine halbe Stunde lang im Tempel von Amritapuri zu singen. Um Mitternacht fiel Amma in Samadhi (eine tiefe geistige Versenkung). In der Silvesternacht hatte Amma die Gebete in der vertrauten Umgebung ihres Ashrams rezitiert. Diesmal wiederholte sie die gleichen Gebete in der Gegenwart der religiösen und geistigen Führerinnen und Führer der Welt in den Räumlichkeiten der Vereinten Nationen.

Der zweite Tag der Konferenz war, abgesehen von kurzen Momenten von Gebet und Musik, hauptsächlich ein Tag der Ansprachen.

Der Generalsekretär der Vereinten Nationen, Herr Kofi A. Annan, hielt die Eröffnungsansprache. Herr Dr. Maurice Strong, Vorsitzender des internationalen Beraterausschusses dieser Konferenz, sprach zum Thema: „Religion, Frieden und die Vereinten Nationen." Darauf folgte die Hauptrede von Dr. Ted Turner, Ehrenpräsident des Gipfeltreffens und Vizepräsident von Time Warner Inc. Sein lockerer Vortragsstil fesselte die

Einführung

Zuhörer. In einfacher, direkter Sprache berichtete er von den Ereignissen, die ihm geholfen hatten, seine eigenen Ansichten über das allumfassende Geistige zu entwickeln. Die Reaktionen aus dem Publikum zeigten klar, dass seine Erfahrungen in vielen Zuhörern eine vertraute Saite anklingen ließen. Sie teilten seine Grundhaltung, den religiösen Dialog und die gegenseitige Anerkennung zu fördern.

Amma hielt ihre Ansprache während der Sitzung über „Die Rolle der Religion in der Transformation von Konflikten". Zum ersten Mal in der Geschichte der Vereinten Nationen erklang in den Räumen der Generalversammlung die Sprache Malayalam. Zuhörer, welche die Kopfhörer benutzten, konnten der Rede folgen, da sie simultan auf Englisch, Französisch, Chinesisch und in verschiedene andere Sprachen übersetzt wurde. Tosender Applaus erfüllte die Halle, als Amma ihre Rede beendete.

Für all jene, die nicht das Glück hatten, an diesem besonderen Tag im Sitzungssaal der Generalversammlung anwesend zu sein, wird dieses Büchlein publiziert. Somit kann jeder lesen, was Mata Amritanandamayi den Delegierten des Gipfels und der ganzen Welt mitteilte.

In Harmonie Leben

Als Amma einige Tage später nach Indien zurückkehrte, wurde sie am Flughafen von Cochin von einer großen Menschenmenge und vielen Journalisten empfangen. Auf der Fahrt nach Amritapuri kam ihr Auto nur schrittweise voran, weil die Straßen von Tausenden von Menschen gesäumt waren, die Amma ihren Respekt bezeugten. In den Dörfern der Umgebung des Ashrams ehrte jeder Haushalt, unabhängig von Religion oder Kaste, Amma auf traditionelle Art. Es brannten Öllichter vor den Häusern, Kampferflammen wurde geschwenkt und Räucherstäbchen entzündet. Viele schmückten Amma mit einer Blumengirlande und andere streuten Blütenblätter über sie. Jubelrufe und Knallkörper kündeten davon, dass Ammas Auto sich langsam vorwärts bewegte. Für die letzten sieben Kilometer zum Ashram brauchte ihr Wagen vier Stunden, da Amma sich die Zeit nahm, an alle Wartenden Prasad (gesegnete Nahrung) zu verteilen. Der Enthusiasmus und die Freude der Menschen zeigten, wie stolz sie darauf waren, dass ein Mahatma (eine große Seele) aus ihrer Gegend der ganzen Welt den Glanz ihrer alten Kultur vermittelt hat.

Om
asatoma sat gamaya
tamasoma jyotir gamaya
mrityorma amritam gamaya
Om shanti shanti shanti

Führe uns von der Unwahrheit zur Wahrheit,
von der Dunkelheit zum Licht,
vom Tod zur Unsterblichkeit.
Om Friede, Friede, Friede

Om
lokah samastah sukhino bhavantu
lokah samastah sukhino bhavantu
lokah samastah sukhino bhavantu
Om shanti shanti shanti

Mögen alle Wesen aller Welten glücklich sein.
Om Friede, Friede, Friede.

In Harmonie leben

*Die Rolle der Religion bei
der Transformation von Konflikten*
Eine Ansprache gehalten von
Sri Mata Amritanandamayi
beim Weltfriedenstreffen
religiöser und spiritueller Führer
Generalversammlung der Vereinten Nationen
29. August 2000

Gegrüßt seien alle hier Anwesenden, die wahrhaft Verkörperungen der Liebe und des Höchsten Selbstes sind.

Mit großen Hoffnungen und in Erwartung von Veränderungen haben wir das neue Jahrtausend begonnen. Zwar hat sich die Jahreszahl geändert, aber ansonsten nichts Wesentliches. Die wahre Veränderung muss in uns selbst geschehen. Denn nur wenn es keine Konflikte und keine Negativität mehr in uns gibt, können wir eine wirklich aufbauende Rolle bei den Friedensbemühungen

In Harmonie Leben

spielen. Die unschätzbaren Anstrengungen der Vereinten Nationen verdienen höchstes Lob. Mit dem Ziel vor Augen, Frieden und Harmonie zu schaffen, bemühen sich die Vereinten Nationen, die verschiedenen Länder zusammenzubringen. Amma verneigt sich mit Respekt vor diesen inspirierenden, aufrichtigen Bemühungen.

Seit den Anfängen der Menschheit sind unzählige Jahrtausende vergangen. Es war eine lange Reise auf der Suche nach Frieden, Wohlstand und Glück. Wir haben beachtenswerte Fortschritte erzielt. Es liegt an jedem Einzelnen, das neue Jahrtausend reicher und erfüllter als das vorhergehende zu machen. Unser Ziel sollte eine blühende, gedeihende Welt sein, die sich durch Frieden, Zusammenarbeit, Einheit und Mitgefühl allen Lebewesen gegenüber auszeichnet. Es ist ebenso notwendig, dass sich die ganze Welt kulturell, moralisch und geistig weiterentwickelt.

In der heutigen Zeit gibt es Hunderte von Nationen und Glaubensrichtungen. In den Worten ‚Nation' und ‚Religion' schwingt bereits die Neigung zu Spaltung und Verschiedenheit mit. Jede Nation und jede Glaubensrichtung hat ihre eigenen, spezifischen Merkmale, Ideenlehren und Interessen. Diese Unterschiede könnten als

Eine Ansprache von Sri Mata Amritanandamayi

Hindernisse für Frieden, Glück und Wohlstand angesehen werden. In Wirklichkeit sind es aber gerade diese Unterschiede, die Reichtum und Schönheit in diese Welt und in das menschliche Leben bringen. Genauso wie ein Blumenstrauß aus vielen verschiedenen Blüten schöner ist als ein Strauß aus denselben Blumen.

Niemand kann die Verschiedenartigkeit dieser Welt leugnen, denn das ist ihre eigentliche Natur. Wenn wir ein tieferes Verständnis der Dinge entwickeln und die edelsten menschlichen Werte in unser Leben integrieren, werden wir erkennen, dass die Schönheit dieser Welt in gerade dieser Verschiedenheit liegt.

Durch die Jahrhunderte hindurch haben wir aus mannigfachen Erfahrungen viele Lektionen gelernt, aber auf vielen Gebieten haben wir auch versagt. Allein im letzten Jahrhundert erlebten wir zwei Weltkriege, in denen Millionen von Männern, Frauen und Kinder ihr Leben verloren. Kürzlich sind wir Zeugen von ähnlich schrecklichen Tragödien geworden. Die Möglichkeit eines Atomkriegs bedroht die Welt weiterhin. Die Verbreitung des Terrorismus betrifft den ganzen Globus. Religiöse und ethnische Verfolgungen plagen die Menschheit noch immer. Große

In Harmonie Leben

Sorgen machen auch die zunehmenden Gewalttätigkeiten unter Jugendlichen, der Drogenmissbrach, der Kindesmissbrauch und vieles mehr. Täglich sterben in unseren Städten unzählige Menschen durch unnötige Gewalttaten. Darüber hinaus müssen die Probleme von Hunger, Armut, Krankheit, Umweltverschmutzung und Ausbeutung der Natur praktisch angegangen werden.

Wir leben in einem Zeitalter, in dem die Wissenschaft und moderne Kommunikation die Welt zu einer kleinen Gemeinschaft gemacht haben, weil die Grenzen von Zeit und Raum kleiner geworden sind. Ein Reisender kann heute in der gleichen Zeit um die Welt fliegen, die er früher für Fahrten in seiner Provinz oder in seinem Staat brauchte. Die neuesten Entwicklungen auf dem Gebiet der Telekommunikation informieren uns augenblicklich über Vorgänge aus aller Welt. Geschehnisse auf einem Teil des Globus beeinflussen mehr oder weniger den ganzen Planeten. Obwohl die Welt dank der Technologie näher zusammengerückt ist, sind wir uns in unseren Herzen nicht näher gekommen. Die Menschen scheinen sich sogar weiter voneinander zu entfernen. So sind sich zum Beispiel Familienmitglieder äußerlich nahe, sie verhalten sich aber so, als ob sie isolierte Inseln seien. Auch das Wissen und die Macht, die wir als menschliche Wesen erworben haben, machen uns isolierter und selbstsüchtiger, und das wiederum bildet den Nährboden für Konflikte.

Gesellschaften und Nationen bestehen aus Einzelpersonen. Wenn wir in der Geschichte zurückblicken, können wir erkennen, dass der Ursprung aller Konflikte auf den Konflikt im Inneren eines jeden Einzelnen zurückzuführen ist. Und was verursacht diesen inneren Konflikt? Er entsteht, weil wir uns unserer wahren Natur nicht bewußt sind, dieser einzigartigen Lebenskraft in uns, an der wir alle teilhaben. Es ist die Rolle der Spiritualität, der wahren Religion, diese Bewußtheit zu erwecken und uns zu helfen, Eigenschaften wie Liebe, Mitgefühl, Toleranz, Geduld und Demut zu entwickeln.

Es gibt eine Wahrheit, die die ganze Schöpfung durchdringt. Die Berge und die Flüsse, die Tiere und die Pflanzen, die Sonne, der Mond und die Sterne, Du und ich – alles ist Ausdruck dieser einen Wirklichkeit. Viele, die diese Wahrheit selbst erfahren haben, sind bereits über diese Erde gegangen und viele werden noch kommen. Auch die moderne Wissenschaft nähert sich auf verschiedenen Pfaden der Entdeckung dieser Wahrheit.

Wenn Weltfrieden Wirklichkeit werden soll, müssen zuerst Frieden und Harmonie das Herz eines jeden Menschen erfüllen. Liebe für die Menschheit muss in uns erweckt werden. Liebe und Einheit sind der menschlichen Natur nicht fremd – sie gehören zu unseren fundamentalsten Instinkten, zur Grundlage unserer Existenz.

Die Welt ist eine Familie

Die Welt ist eine einzige Familie, der wir alle angehören. In einem Haushalt herrscht dann Frieden und Einheit, wenn die einzelnen Familienmitglieder ihre Pflichten und Verantwortungen in dem Bewußtsein erfüllen, dass jeder Einzelne ein wesentlicher Bestandteil des Ganzen ist. Nur wenn wir als globale Familie zusammenarbeiten und uns nicht nur einer bestimmten Rasse, Religion oder Nation zugehörig fühlen, werden sich auf dieser Erde erneut Frieden und Glück ausbreiten.

Während meiner Reisen um die Welt kommen unzählige Menschen zu mir, die ihre Sorgen mit mir teilen. Sie sind Hindus, Christen, Muslime – Männer und Frauen aller Religionen und Länder. Viele haben mir erzählt, dass ihr Ehemann, ihre Ehefrau oder ihr Kind in einem religiösen Kampf getötet wurden. Manchmal ist es ein Konflikt zwischen Christen und Muslimen, manchmal zwischen Hindus und Muslimen, ein anderes Mal zwischen Christen und Hindus. Oder der Konflikt herrscht zwischen anderen religiösen Gruppen, Rassen oder Ländern. Es schmerzt mich zutiefst, dies zu hören. Solche Konflikte entstehen, weil die Menschen nicht in die Tiefen ihrer Religion vordringen. Es gelingt ihnen nicht, die essentiellen Prinzipien ihrer Religion in sich aufzunehmen.

Es gab einmal zwei Länder auf jeder Seite eines Sees. Die Menschen dieser beiden Länder waren aus Tradition Feinde. Eines Tages brach ein heftiger Sturm aus, und einige Boote kenterten auf dem See. Ein Mann, der um sein Leben schwamm, sah, wie ein anderer unterzugehen drohte. Er kam dem anderen Mann zu Hilfe, und es gelang ihm, diesen zu retten. Am Ufer angelangt waren die beiden so erleichtert, dass sie sich umarmten und miteinander zu sprechen begannen. Bald entdeckten sie jedoch, dass sie zu den feindlichen Ländern gehörten, und sofort flammte Hass in ihnen auf. Derjenige, der den

In Harmonie Leben

anderen gerettet hatte, schrie: „Hätte ich gewußt, dass du mein Feind bist, hätte ich dich ertrinken lassen!" Als dieser Mann die Nationalität des anderen nicht kannte, war er sich nur ihres gemeinsamen Menschseins bewußt. Er verspürte ein instinktives Gefühl der Bruderschaft und sein Mitgefühl war so stark, dass er sein eigenes Leben riskierte, um den anderen zu retten. Für kurze Zeit war es vorrangig, ein Mensch mit den höchsten menschlichen Werten zu sein, und die anderen Bindungen waren nur zweitrangig. Wir sind alle in erster Linie menschliche Wesen und Mitglieder der gleichen weltweiten Familie. Erst in zweiter Linie sind wir Angehörige einer Religion oder eines Landes. Wir sollten niemals wegen unserer Bindungen an eine Religion, an eine Gesellschaft oder an ein Land die grundlegenden menschlichen Werte vergessen.

Niemand ist eine isolierte Insel; wir sind alle Glieder der großen Lebenskette. Ob es uns bewußt ist oder nicht, jede unserer Handlungen hat eine Auswirkung auf andere. Die Schwingungen von Freude und Kummer wie auch die guten oder schlechten Gedanken, die von jedem Lebewesen ausstrahlen, durchdringen das ganze Universum und beeinflussen jeden von uns.

Eine Ansprache von Sri Mata Amritanandamayi

Dieser ganze Kosmos existiert in einem Zustand gegenseitiger Abhängigkeit und Unterstützung. In Übereinstimmung mit diesem Prinzip universeller Harmonie zu leben, wird als *Dharma* bezeichnet. Das Leid jedes Lebewesens in dieser Welt ist unser eigenes Leid, und das Glück jedes Lebewesens ist unser eigenes Glück. Wir können nicht einmal einer kleinen Ameise Schaden zufügen, ohne uns selbst zu schaden. Wenn wir anderen Schaden zufügen, schaden wir uns selbst. Wenn wir anderen helfen, helfen wir uns auch selbst.

Ein Mann sitzt in der Nacht mit einer Kerze vor seinem Haus. Ein Windstoß bläst die Kerze aus. Erst dann nehmen seine Augen die Schönheit des lächelnden Vollmonds und das kühle Mondlicht wahr. Kein Wind kann das Mondlicht ausblasen. Ebenso ist es, wenn wir unsere Selbstsucht aufgeben. Die Glückseligkeit, die wir als Gegengabe bekommen, ist wunderbar und unvergänglich.

Wir sollten uns um einen Zustand bemühen, in dem wir alle Wesen der Welt, die belebten wie unbelebten, als Teil unseres eigenen Selbst wahrnehmen können. So wie die rechte Hand der linken zu Hilfe kommt, wenn sie verletzt ist, so sollte sich in uns die Fähigkeit entwickeln, die

Leiden aller Wesen als unsere eigenen zu empfinden. Ein intensives Verlangen, sie zu trösten, sollte in uns erwachen.

Menschen haben verschiedene Charaktere und Temperamente. Ihre Ideen und Wünsche sind nicht immer die gleichen, oft stehen sie im Widerspruch zueinander. Wir haben alle aber nur eine Erde, auf der wir leben können, und deshalb müssen wir die Konflikte hier lösen. Wir sind heute dazu fähig, diesen blauen Punkt namens Erde, der die Stirn von Mutter Universum ziert, zu zerstören. Wir haben aber auch die Fähigkeit, den Himmel auf Erden zu schaffen. Die Zukunft der Menschheit hängt von unserer Wahl ab.

Den Geist der Religionen anpassen

Alle Religionen haben das gleiche Ziel: die Läuterung des menschlichen Geistes. Es gehört zu den gemeinsamen Zielen aller Religionen, dass wir unsere Selbstsucht überwinden, unsere Mitmenschen lieben und ihnen dienen und uns zu einem allumfassenden Bewußtsein erheben. Diese menschlichen Werte zu fördern und die dem Menschen innewohnende Göttlichkeit zu erwecken, ist das Hauptanliegen aller Religion.

Eine Ansprache von Sri Mata Amritanandamayi

Obwohl alle Religionsgründer diese edlen Ideale in ihrem Leben verwirklicht und praktiziert haben, gelang es ihren Anhänger oftmals nicht, diesen Idealen entsprechend zu leben. Anstatt unser Augenmerk auf die Quintessenz der religiösen Prinzipien von Liebe und Mitgefühl zu lenken, legen wir den Schwerpunkt auf äußere Rituale und Traditionen, die von Religion zu Religion verschieden sind. Dadurch begannen die Religionen, die ursprünglich den Frieden und die Einheit unter den Menschen fördern sollten, eine maßgebliche Rolle bei der Verbreitung von Kriegen und Konflikten zu spielen. Wenn wir bereit sind, uns an die wesentlichen Prinzipien der Religionen zu halten, ohne uns zu sehr um die äußeren Formen und oberflächlichen Aspekte zu kümmern, dann wird Religion uns zum Weltfrieden führen. Damit wird die Wichtigkeit von religiösen Disziplinen und Traditionen nicht bestritten. Sie haben ihre eigene Bedeutung und sind für unsere geistige Entwicklung notwendig. Aber wir müssen uns daran erinnern, dass diese Traditionen Mittel sind, um das Ziel zu erreichen, und nicht das Ziel selbst.

Nehmen wir an, dass jemand einen Fluss mit dem Boot überqueren möchte. Am anderen Ufer angelangt, muss der Reisende das Boot verlassen und seinen Weg fortsetzen. Besteht er darauf, im Boot zu bleiben, ist sein Weiterkommen in Frage gestellt. Auf entsprechende Weise sollten wir dem Ziel der Religion mehr Gewicht beimessen und uns nicht an den Mitteln, das Ziel zu erreichen, festklammern. Religiöse Führer müssen den Wesenskern der Religion hervorheben und die Menschen dazu auffordern, die Ideale zu praktizieren, die sie dort finden. Dies wird helfen, Konflikte zu lösen. Wir sollten uns daran erinnern, dass die Religion für die Menschheit bestimmt ist und nicht die Menschheit für die Religion.

Viele religiöse Praktiken erfüllten die Bedürfnisse der Zeit, in welcher sie entstanden. Wenn wir uns mit den Problemen dieses modernen Zeitalters befassen, sollten wir bereit sein, diese Praktiken zu überprüfen und sie an die moderne Zeit anzupassen. Kein religiöser Führer oder Heiliger hat je gesagt, dass Liebe und Toleranz nur den Gläubigen der eigenen Religion entgegengebracht werden sollen. Dies sind universelle Werte. Die Welt benötigt heute keine religiöse Propaganda, sondern eine Unterstützung für die Menschen, damit sie das Wesentliche der Religion in sich aufnehmen können.

Eine Ansprache von Sri Mata Amritanandamayi

Ein neues Zeitalter der Harmonie unter den Religionen

Der Maßstab für eine hochentwickelte Kultur ist ihre Toleranz und ihre Fähigkeit, Gruppierungen mit abweichenden Meinungen zu akzeptieren. In diesem Sinne sollten wir die aktuellen Probleme angehen und die gegensätzlichen Strömungen miteinbeziehen. Laßt uns über die Ausrutscher und die Mißerfolge der Vergangenheit hinwegsehen. In dieser Zeit der globalen Zusammenarbeit sollten alle religiösen Gruppen bereit sein, auf die Bedürfnisse der Zeit einzugehen. Laßt uns

die alten, gewalttätigen Methoden aufgeben und eine neue Ära der Partnerschaft und der Zusammenarbeit einläuten.

Konfliktbereiche erkennen

Die religiösen Führer der Welt sollten sich an offenen und aufrichtigen Diskussionen beteiligen, die auf der Grundlage des Verständnisses der wesentlichen Ziele der Religion geführt werden. Dadurch können Mißverständnisse ausgeräumt und Einsicht in die Hauptkonfliktbereiche gewonnen werden. Um allseitig annehmbare, praktische Lösungen für komplexe, widersprüchliche Sachverhalte wie Religionsfreiheit, Konversion und Fanatismus zu finden, müssen die Religionsführer in einen offenen Dialog miteinander treten.

Damit solche Diskussionen allerdings fruchtbar werden können, müssen wir erst die Samen von Liebe, Frieden und Geduld in uns säen. Nur wer in seinem Inneren wahren Frieden erlebt, kann anderen Frieden geben. Bevor wir uns nicht von unserem eigenen Hass und unserer Feindseligkeit befreit haben, werden alle unsere Anstrengungen, den ewigen Frieden zu erreichen, erfolglos sein, denn unsere Versuche werden an unseren individuellen Vorlieben und Abneigungen scheitern.

Die Führer dreier Religionen – A, B und C – beschlossen einst, ein Treffen einzuberufen, das Frieden herbeiführen sollte. Gott war so erfreut über diese Initiative, dass er für die Dauer des Treffens einen Engel zu ihnen sandte. Der Engel fragte die Führer, was sie sich wünschen. Der Führer von Religion A sagte: „Die Religion B ist für alle Probleme verantwortlich. Bitte lass' sie deshalb von der Erdoberfläche verschwinden!" Der Führer von Religion B sagte: „Die Religion A ist der Grund all unserer Schwierigkeiten. Du mußt sie zu Asche verbrennen!" Der Engel war nun sehr enttäuscht. Hoffnungsvoll drehte er sich zum Führer von Religion C. Dieser sagte mit einem Ausdruck ernster Demut: „Ich wünsche nichts für mich selbst. Es genügt, wenn du einfach die Wünsche meiner beiden Kollegen erfüllst!"

Diese Geschichte ist eine Parodie auf die zeitgenössischen Friedensbemühungen. Auch wenn die Menschen sich anlächeln, kochen sie innerlich doch vor Hass und Misstrauen. Frieden ist für uns alle lebenswichtig. Frieden ist nicht nur die Abwesenheit von Krieg und Konflikt, sondern geht weit darüber hinaus. Er ist der Geist der Harmonie in uns selbst. Frieden sollte im Individuum, in der Familie und in der Gesellschaft gepflegt werden. Die Atomwaffen der Welt einfach in ein Museum zu stellen, wird keinen Weltfrieden herbeiführen. Zuerst müssen die Atomwaffen des Geistes ausgemerzt werden. Das ist die Rolle der Religionen.

Toleranz pflegen und die Wunden der Konflikte heilen

Ein Kennzeichen von Zivilisation ist die Offenheit, unterschiedliche Ansichten und verschiedene Menschen zu akzeptieren. Wir sollten in der Lage sein, alle Probleme in dieser Haltung anzugehen und die dadurch entstehenden Unterschiede anzunehmen. Die heutigen religiösen Führer und Vertreter sollten die Mißerfolge und Unzulänglichkeiten der Vergangenheit vergessen und durch ihre Toleranz, ihr gegenseitiges Verständnis und ihre Zusammenarbeit zu einem neuen Vorbild für die Welt werden. Was die Welt heute am meisten benötigt, sind lebende Beispiele.

Religiöse Führer sollten eine führende Rolle bei der Lösung von religiösen Konflikten und bei der Wiederherstellung von Frieden in ihren

Eine Ansprache von Sri Mata Amritanandamayi

Einflussbereichen übernehmen. Diese Führer sollten auch bereit sein, dort konstruktiv einzugreifen, wo Opfer von Unterdrückung Trost und Hilfe benötigen.

In unserer heutigen zivilisierten Weltgemeinschaft sollten religiöse Interessen nicht mit unfairen Mitteln vertreten werden. Der geschichtliche Zweck von Religion ist nicht, in der Gesellschaft Trennwände zu errichten, sondern die Menschen durch das Band der allumfassenden Liebe zusammenzubringen.

Religionsfreiheit

Jetzt ist die Zeit, die Geburt einer neuen Ära von Frieden und Freundschaft willkommen zu heißen, die sich über Misstrauen und Gewalt erhebt. Die zivilisierte Welt hat akzeptiert, dass jeder das Recht hat, dem Glauben seiner Wahl zu folgen und ihn auszuüben. Es gibt auf der ganzen Welt religiöse Mehrheiten und Minderheiten. Die geistigen Führer sollten gleiche Rechte für alle Religionen unterstützen. Wir sollten außerdem sicherstellen, dass die Grundrechte der religiösen und ethnischen Minderheiten geschützt werden.

Das Problem der Glaubensbekehrung

Das Recht, die Lehren der eigenen Religion mit anderen zu teilen, wird im allgemeinen als Teil der Religionsfreiheit akzeptiert. Allerdings entstehen Konflikte, wenn unterschiedliche religiöse Gruppierungen miteinander wetteifern, ihre Religionen zu verbreiten und versuchen, andere zu bekehren. Heutzutage fallen viele Familien und Gesellschaften wegen solcher Auseinandersetzungen entzwei. Als Antwort darauf, sollten die religiösen Führer zusammenkommen und Richtlinien ausarbeiten, die für alle Glaubensrichtungen annehmbar sind.

Alle großen Religionen haben eine Botschaft von unendlicher Weisheit und Schönheit. Wir sollten überall Gelegenheiten schaffen, dass speziell auch Jugendliche nicht nur die eigene Religion, sondern ebenso die hohen Ideale anderer Glaubensrichtungen wertschätzen lernen. Anstatt sich um eine größere Zahl von Mitgliedern zu bemühen, sollten die Religionen ein Umfeld schaffen, in welchem die hohen Ideale aller Religionen akzeptiert werden können. Laßt uns über religiöse Bekehrung hinausgehen und daran arbeiten, dass Engstirnigkeit und Spaltung beseitigt werden.

Eine Ansprache von Sri Mata Amritanandamayi

In den Schriften des *Sanatana Dharma*[1] gibt es folgendes Mantra: „Mögen edle Gedanken und Ideale von überallher zu uns kommen." Möge dies der Wahlspruch der Religionen im neuen Jahrtausend sein.

Extremismus

Fanatismus und der dadurch entstehende Terrorismus sind zwei der größten Probleme, mit denen die moderne Welt konfrontiert ist. Religiöser Extremismus entsteht durch ein mangelhaftes Verständnis der grundlegenden Ziele der Religion und durch die Ausbeutung religiöser Gefühle. Die religiösen Führer sollten von Aktivitäten abraten, welche die menschlichen Werte in Gefahr bringen und eine bewußte Bewegung gegen solch bedauerliche Aktionen ins Leben rufen.

---

[1] Wörtlich: ewige Religion Indiens. *Sanatana Dharma* ist die Eigenbezeichnung der in Indien entstandenen philosophischen und religiösen Traditionen, die auf dem Veda beruhen, bekannt auch unter der Bezeichnung Hinduismus.

Innere Wandlung – der Schlüssel zu wahrem Frieden

Der Schlüssel zum Weltfrieden liegt in jedem Einzelnen, der auf diesem Planeten lebt. So wie die Familienglieder die Verantwortung für den Schutz ihres Heimes teilen, so ist jeder von uns für den Weltfrieden mitverantwortlich. Liebe und Einheit sind der menschlichen Natur nicht fremd; sie bilden die Grundlage der menschlichen Existenz.

Es ist notwendig, materielle Bedürfnisse wie Nahrung, Kleidung, Wohnraum und medizinische Versorgung zu erfüllen. Dies genügt aber nicht, wir müssen tiefer gehen. Wir müssen bleibenden Frieden und Glück in unserem Leben und in der ganzen Welt schaffen.

Religion ist die Wissenschaft des Geistes und gibt Einsicht in dessen Struktur. Wir sind heute in der Lage, die äußere Welt zu klimatisieren. Wie der Geist klimatisiert werden kann, haben wir aber erst noch zu lernen. Wir versuchen, Menschen zu klonen, aber wir versuchen nicht, aus uns selbst ein vollkommenes, liebevolles und friedliches menschliches Wesen zu machen. Dieser Läuterungsprozess spielt in der Religion eine wichtige Rolle.

Wir sind uns bewußt, dass die Umwelt geschützt werden muss, und dies ist natürlich unbedingt notwendig. Die Verschmutzung der Atmosphäre und des Bewußtseins der Menschheit durch negative Gedanken und Handlungen beunruhigt uns jedoch nur selten. Die Verunreinigung unseres Geistes ist in vieler Hinsicht tödlicher als jede chemische Verschmutzung, denn sie hat die Macht, die Menschheit jederzeit zu vernichten. Es ist deshalb notwendig, auch unser geistiges Umfeld zu reinigen.

Eine dauerhafte, positive Wandlung in der Gesellschaft kann nur durch eine Neuorientierung des menschlichen Geistes erzielt werden. Nachdem die Verunreinigungen durch Egoismus, Eifersucht, Hass und Wut aus dem Inneren entfernt sind, kann die Religion die Lampe der Liebe in den Herzen der Menschen entzünden. Es ist die Aufgabe der Religion, die Menschen zu einem rechtschaffenen Leben zu führen, ihren Charakter zu formen und ihren Geist mit Liebe und Sorge für die Mitmenschen zu erfüllen.

Spirituelle Prinzipien in der Erziehung

Die Welt von morgen wird durch die Kinder von heute geformt. Es ist einfach, universelle

In Harmonie Leben

menschliche Werte in ihr zartes Wesen zu pflanzen. Wenn man mehrmals durch junges, weiches Gras geht, bildet sich sofort ein Pfad; während es unzähliger Schritte bedarf, bis an einem felsigen Hügel eine Spur entsteht. Der Unterricht über universelle geistige Prinzipien und menschliche Werte sollte ein grundlegender Teil der allgemeinen Erziehung sein und nicht nur der Verantwortung der Familie überlassen bleiben. Dies sollte nicht hinausgeschoben werden, denn wenn hier eine Verzögerung entsteht, gehen die künftigen Generationen der Welt verloren.

Es ist besorgniserregend, wieviele Jugendliche sich heute ungeliebt, entfremdet und frustriert fühlen. Sie werden in einer Gesellschaft erzogen, die ihnen vor allem beibringt zu denken: „Was kann ich bekommen?" anstatt: „Was kann ich der Welt geben?" Über die Medien lernen sie, dass Gewalt ein legitimes Mittel ist, um Konflikte aller Art zu beenden. Weil ihnen die richtige Führung und inspirierende Vorbilder fehlen, greifen viele zu Drogen und flüchten so vor den Herausforderungen des Lebens. Dies zerstört ihr junges Gemüt, wie eine Raupe, die sich durch eine zarte Blütenknospe frißt. Laßt uns die Medien und Erziehungseinrichtungen aufrufen, ihren Einfluss zu nutzen, um die fehlgeleiteten Jugendlichen der heutigen Gesellschaft in liebevolle, positive und friedliebende Menschen zu verwandeln.

Wirtschaftliche Ungleichheit

Wir dürfen die Grundbedürfnisse der Menschen nicht aus den Augen verlieren, denn solange sie nicht befriedigt sind, kann niemand nach einem höheren Bewußtsein und Verständnis streben. Es ist für alle Nationen ein Grund zur Schande, wenn irgendwo in der Welt Tausende von Menschen an Hunger sterben oder unter äußerster Armut leiden. Entsprechend dem religiösen Ideal der universellen Verbundenheit aller Menschen sollten alle Nationen und Individuen, die dazu in der Lage sind, ihren materiellen Wohlstand und Reichtum mit den Bedürftigen teilen. Es gibt auf dieser Erde genug, um alle Lebewesen überleben zu lassen, aber nicht genug, um die Gier einiger weniger zu befriedigen.

Religiöse Führer sollten mit einzelnen Nationen, Staatsmännern und regierungsunabhängigen Organisationen zusammenarbeiten, um den unterdrückten Menschen neue Zuversicht zu geben. Das Entwickeln von Mitgefühl für alle Wesen ist der erste Schritt in der Spiritualität. Gott ist nicht auf eine bestimmte Gegend beschränkt, er durchdringend alles. Gott wohnt in allen Wesen, in den beseelten wie unbeseelten. Gott sollte auch in den Kranken und Armen verehrt werden. Gottes Natur ist reines Mitgefühl. Einer vernachlässigten Seele hilfreich die Hand entgegenzustrecken, Hungrige zu speisen, Traurigen und Ausgestoßenen ein mitfühlendes Lächeln zu schenken - all dies ist die wahre Sprache der Religion. Wir sollten Gottes Mitgefühl in unseren eigenen Herzen und Händen erwecken. Nur so werden wir in unserem Leben tiefe Freude und Erfüllung erfahren. Nur für sich selbst zu leben, ist nicht Leben, sondern Tod.

Die Pflicht der Nationen

Diese Welt ist wie eine Blume. Jede Nation ist ein Blütenblatt. Wenn nur ein Blatt von einer Krankheit befallen ist, geht das bald auf die anderen Blütenblätter über und das Leben und die Schönheit der Blume werden zerstört. Mit Kenntnis dieser Wahrheit sollten die Nationen der Welt hervortreten und den Grundstein für ein goldenes Zeitalter der Zusammenarbeit und eines friedlichen Nebeneinanders legen. Eigenschaften wie Liebe, Mitgefühl und Großzügigkeit gelten nicht nur für Individuen. Sie sollten zum Wahrzeichen einer jeden Nation werden und zum Wesenskern der Gesellschaft.

Wir sind aus dem dunklen Zeitalter erwacht, in dem man glaubte, dass Krieg und Kolonisation die Pflicht der Herrschenden sei. Alle Nationen und besonders Organisationen wie die Vereinten Nationen treten hervor, um die Menschenrechte zu schützen und Unterdrückung und Diktatur auf allen Gebieten zu verurteilen. Mögen die Vereinten Nationen ihre Aktivitäten ausweiten und die höheren Ebenen des menschlichen Bewußtseins miteinbeziehen. Harmonie zwischen Nationen wird erst möglich, wenn das Bewußtsein der einzelnen Mitglieder angehoben wird. Mit diesem Gedanken sollten die Vereinten Nationen die Verbreitung der spirituellen Kultur und die Pflege der menschlichen Werte fördern.

Keine Anstrengung ist umsonst

Es mag Menschen geben, die behaupten, dass die Welt gleich bleiben wird, unabhängig davon, wie sehr wir uns bemühen, sie zu ändern. Möglicherweise behaupten sie, den Weltfrieden anzustreben sei so sinnlos, wie den gebogenen Schwanz eines Hundes gerade biegen zu wollen.

In Harmonie Leben

So sehr wir uns auch bemühen, er wird sich sofort wieder verbiegen. Aber durch unsere Bemühung bauen wir Muskeln auf, auch wenn der Schwanz gebogen bleibt. Auf die gleiche Weise werden wir uns zum Besseren verändern, unabhängig davon, ob unsere Bemühungen um den Weltfrieden erfolgreich sind oder nicht. Selbst wenn es keine sichtbare Veränderung gibt, wird die Veränderung in uns schließlich einen Wandel in der Welt herbeiführen. Was immer wir in der heutigen Welt an Harmonie finden, ist das Ergebnis solcher Anstrengungen.

Es ist sinnlos, über der Vergangenheit zu brüten. Die Vergangenheit ist wie ein ungültiger Scheck, der keinen Wert mehr hat. Eine positive Zukunft kann nur geschaffen werden kann, wenn wir bereit sind, alle in der Vergangenheit zugefügten Schmerzen und Zerstörungen zu vergeben. Diese Einsicht liegt allen Religionen zugrunde. Allerdings müssen wir aus der Vergangenheit lernen, sonst wiederholen wir unsere Fehler. Nachdem wir in einen Dorn getreten sind, werden wir bei jedem Schritt achtsamer. Diese Achtsamkeit ist es, die uns möglicherweise davor rettet, später in eine gefährliche Grube zu fallen. Wir sollten die schmerzhaften Erfahrungen der

Vergangenheit aus dieser Perspektive betrachten. Diejenigen, die in der Vergangenheit anderen geschadet haben, sollten sich darum bemühen, ihre ehemaligen Opfer zu rehabilitieren. Diese Prinzipien gelten sowohl für Regierungen als auch für Individuen. Jede Nation sollte eine Atmosphäre von Vergebung, Offenheit, Freundschaft, Vertrauen, Hilfe und Unterstützung schaffen, damit alte Wunden heilen können. Abgebrochene Beziehungen sollten mit dem Faden der Liebe wieder zusammengenäht werden. Damit dies möglich wird, brauchen wir mehr als intellektuelles Wissen, wir müssen uns unserer Einheit bewußt werden.

Nationen und Religionen, welche früher gegen andere gekämpft haben, sollten einen ersten Schritt machen, um eine neue Atmosphäre des guten Willens, des Vertrauens und der gegenseitigen Unterstützung zu schaffen. Die Nationen, die andere Nationen oder Religionen überfallen oder ausgebeutet haben, sollten sich dazu bekennen und den Opfern ihre Unterstützung anbieten. Globaler Frieden gedeiht nur auf der Basis gegenseitigen Vertrauens. Wo Vertrauen wachsen soll, ist Freundschaft und Zusammenarbeit nötig.

In Harmonie Leben

Viel mehr als Worte werden Taten gebraucht. Ein Verhungernder wird nicht satt, wenn wir nur auf ein Stück Papier schreiben: „Gebt den Hungrigen zu essen." Legen wir unser Augenmerk auf das, was wir anderen geben können – nicht auf das, was wir selber bekommen könnten. Nur so können wir in unserer globalen Familie eine vollkommene Wandlung bewirken.

Im Folgenden werden einige weltweit anerkannte Problembereiche angesprochen, in denen die Vereinten Nationen ihre Anstrengungen intensivieren sollten:

ॐ In Gottes Schöpfung sind Männer und Frauen gleichwertig. Über die Jahrhunderte hinweg hat sich die traurige Situation der Frauen aber nicht spürbar verbessert. Die Frauen, die uns Menschen das Leben schenken, sollten in der Gesellschaft eine gleichwertige Rolle zugesichert werden.

ॐ Millionen Menschen leiden an AIDS, und das HIV Virus verbreitet sich weiterhin wie ein Buschfeuer. Diese Krankheit muss unter Kontrolle gebracht werden.

ॐ Die Vereinten Nationen sollten sich bemühen, die Religionsfreiheit zu sichern, das Praktizieren von spirituellen Übungen zu fördern und an der Verbreitung von menschlichen Werten mitzuarbeiten, um die Menschen bewußter und toleranter zu machen und dadurch Konflikte aufzulösen und zu vermeiden.

ॐ Mögen die Vereinten Nationen die Initiative ergreifen bei der Umwandlung von einer konfliktreichen Welt in eine Welt des Friedens, indem sie eine Gruppe von jungen Menschen für den gemeinnützigen sozialen Dienst ausbildet. Diese jungen Abgesandten, die in der ganzen Welt selbstlos dienen werden, werden die Menschen inspirieren, universelle und menschliche Werte zu kultivieren. Was durch Blutvergießen nicht erreicht werden kann, kann durch Liebe geschehen.

ॐ Terrorismus und Gewalt gegen Menschen, die im Namen irgendeiner Religion ausgeführt werden, sollten auf internationaler Ebene verurteilt und angemessene, starke Gegenmaßnahmen ergriffen werden.

ॐ Die übermäßige Ausbeutung der Natur muss eingeschränkt werden. Wir müssen einen völlig neuen Standpunkt gewinnen und eine weitsichtige Politik verfolgen, welche die Bedürfnisse und Ziele zukünftiger Generationen respektiert und berücksichtigt. Wir dürfen von der Natur nehmen, was wir brauchen. Wenn wir sie jedoch gierig ausbeuten, gefährden wir unsere eigene Existenz.

Materieller Fortschritt allein kann in der Welt keinen Frieden oder Wohlstand schaffen. Wir benötigen heute einen Fortschritt, der alle Lebensbereiche umfaßt. Im alltäglichen Leben kann Fortschritt und Wachstum nur erreicht werden, wenn wir aus einer spirituellen Haltung heraus unseren Mitmenschen gegenüber Liebe und Verantwortung zeigen. Dieser Fortschritt und dieses Wachstum sollten sich im Leben des Einzelnen und in der gesamten Gesellschaft manifestieren. Wir haben soeben das Zeitalter der Wissenschaft durchschritten. Es ist jetzt an der Zeit, ein neues Zeitalter einzuläuten, das Zeitalter der Liebe und Spiritualität.

Es ist möglich, die grundlegende Einheit der Menschheit zu verwirklichen und dennoch Mitglied einer bestimmten Religion, Gesellschaft, Rasse, Kultur und Nation zu sein. So sollte es tatsächlich sein. Wenn wir die höchsten Ideale aller Religionen in unser eigenes Leben integrieren, erweitern wir auf natürliche Weise unseren Horizont und werden uns der einen, immer gleichen göttlichen Wirklichkeit bewußt, die in allen

Eine Ansprache von Sri Mata Amritanandamayi

Lebewesen zum Ausdruck kommt. Unsere Selbstsucht wird verschwinden, und unser Leben wird zum Geschenk für die Welt. Im diesem Zustand der Selbstlosigkeit wird Glückseligkeit unsere Herzen erfüllen und zu allen Wesen fließen.

Letztendlich ist Liebe die einzige Medizin, die die Wunden der Welt heilen kann. In diesem Universum ist es die Liebe, die alles miteinander verbindet. Liebe ist die Grundlage des Lebens und in ihr zeigt sich seine Schönheit und Erfüllung. Wenn wir tief genug in uns gehen, werden wir erkennen, dass es der Faden der universellen Liebe ist, der alle Wesen verbindet. Wenn dieses Bewußtsein in uns erwacht, wird alle Disharmonie ein Ende finden und immerwährender Frieden herrschen.

Möge das Licht der Liebe und des Friedens in unseren Herzen leuchten. Laßt uns alle zu Botschaftern des Weltfriedens werden und das Licht in den Herzen aller Menschen entzünden. Auf diese Weise möge der Ruhm des Friedens sich überall ausbreiten und die Dunkelheit des Hasses und Konfliktes vertreiben, welche die heutige Welt überschattet. Laßt uns alle zu einer neuen Zukunft erwachen, die von universeller Liebe und Verbundenheit erfüllt ist. Dies ist das wahre Ziel und der wahre Traum der Vereinten Nationen. Möge Paramatman – die höchste Kraft – uns segnen, damit wir dieses große Gebet verwirklichen können.

www.ingramcontent.com/pod-product-compliance
Lightning Source LLC
Chambersburg PA
CBHW070635050426
42450CB00011B/3207